キリストと
わたしたちのミサ

（新式次第版）

＊『キリストとわたしたちのミサ』のミサ式次第は、二〇二二年十一月二十七日（待降節第一主日）より実施される新しい式次第です。
＊本書の「ミサ式次第」は、『新しい「ミサの式次第と第一～第四奉献文」の変更箇所』（カトリック中央協議会）を使用しています。

聖体祭儀の聖なる秘義

【われわれの救い主は、渡される夜、最後の晩餐において、御からだと御血による聖体のいけにえを制定された。それによって、十字架のいけにえを再臨のときまで世々に永続させ、しかも愛する花嫁である教会に、ご自分の死と復活の記念、すなわちいつくしみの秘跡、一致のしるし、愛のきずな、過越の宴（うたげ）を託された。この宴において、「キリストが食べ物となられ、心は恵みに満たされ、将来の栄光の保証がわれわれに与えられる」。

したがって教会は、キリスト信者が、部外者あるいは無言の傍観者としてこの信仰の神秘に列席するのではなく、儀式と祈りを通してこの神秘をよく理解して、意識的に、敬虔に、行動的に聖なる行為に参加し、神のことばによって教えられ、主の御からだの食卓で養われ、神に感謝し、ただ司祭の手を通してだけではなく、司祭とともに汚れのないいけにえをささげて自分自身をささげることを学び、キリストを仲介者として、日々神との一致と相互の一致の完成に向かい、ついには神がすべてにおいてすべてとなるよう細心の注意を払っている。】（『第二バチカン公会議公文書　改訂公式訳』「典礼憲章」47、48番）（カトリック中央協議会）

(1)

（2）

会衆の共同の姿勢

ミサの間、会衆は、「立つ」、「座る」などの姿勢であずかります。「立つ」ことは、注意を呼び覚まし、感謝し、神の招きに応える心、復活した者の状態、神に祈る姿勢を表します。「座る」という姿勢は、主のもとに座り、そのみことばに耳を傾け続けたベタニアのマリアのように、静かに注意深く神のみことばを聞きながら、みことばを黙想し、その中に奥深く分け入っていくことを助けます。

このように、いろいろな姿勢をとることによって、わたしたちはことばだけでなく、わたしたちのすべてを通して、神への礼拝、賛美、感謝を表し、神と関係を深めるのです。

会衆の共同の姿勢はまた、ミサのいけにえが進んでいくに従って、皆が一つになって共同体的、行動的に参加することを助けてくれます。

「ミサ」の祭儀は、本性上、「共同体的」性格を持っているので、司祭と信者（会衆）との間に交わされる対話や応唱などは大きな力を持っています。すなわち、それらは共同の祭儀の外的なしるしであるだけでなく、司祭と会衆との交わりを促し、つくり上げるのです。

歌の重要性

「主」の再臨を待ち望みつつ一つに集まるキリスト信者は、詩編、賛歌、霊の歌をともに歌うようにと「使徒」から勧められています。歌は心の喜びのしるしであるからです。聖アウグスチヌスは、「歌を歌うのは愛している証拠」と言いましたし、古くからの言い伝えにも、「よく歌う人は倍祈ることになる」とあります。

（『ローマ・ミサ典礼書の総則』39参照）

沈　黙

聖なる沈黙も、祭儀の一部として、守るべきときに守らなければなりません。沈黙の意味は、それぞれの祭儀のどこで行われるかによります。ゆるしを求める祈りのとき、および祈願への招きの後には、各人は自己に心を向けます。聖書朗読または説教後には、聞いたことを短く黙想し、聖体拝領後は、心の中で神に感謝し、神を賛美して祈ります。

（『ローマ・ミサ典礼書の総則』45参照）

祭服の色

a 白色は、復活節と降誕節のミサにおいて用いられ、さらに、主の祝祭日、聖母マリア、天使、殉教者でない聖人の祝祭日と記念日などに用いられます。また、日本の教会では葬儀ミサで用いることもできます。白色は、典礼において、復活とキリスト教的な喜びのしるしです。

b 赤色は、受難の主日と聖金曜日、聖霊降臨の主日、十字架称賛の祝日、使徒、福音記者、殉教者の祝祭日と記念日などに用いられます。赤色は、主の受難の神秘のうちに示された神の愛、聖霊の炎、殉教者が流した血のしるしです。

c 緑色は、天の国への旅を照らすキリスト教的希望を表し、年間のミサに用いられます。

d 紫色は、待降節と四旬節に用いられ、また、死者のミサにも用いることができます。紫色は、キリストの降誕および再臨を待ち望むわたしたちの思い、またキリストが教えた回心と苦行の救いの意味を表しています。

e 黒色は、死者のミサに用いることができ、わたしたちの悲しみを表します。

（『ローマ・ミサ典礼書の総則』346参照）

(5)

「ミサ」の祭儀は、キリストの行為であり、教会の位階によって秩序立てられた神の民の行為であって、全教会にとっても、地方教会にとっても、また信者一人ひとりにとっても、キリスト教生活全体の中心です。ミサの中には、キリストにおいて世を聖とされる神の働きの頂点があり、また、人々が神の子キリストによって御父にささげる礼拝の頂点があります。さらに、ミサの中では、「あがない」の諸神秘が一年を周期として思い起こされます。こうして、「あがない」の諸神秘が、ある意味で現存するものとなるのです。そして、他の聖なる行為およびキリスト教生活のすべての行いはミサと結ばれており、ミサから流れ出て、ミサに向かって秩序づけられています。

そのために、祭儀全体が、信者の意識的、行動的、充実した参加をうながすように整えられることが望まれます。これは心身の参加を意味し、信、望、愛を駆り立てるものであり、教会が望み、祭儀自体の性格によっても求められており、キリスト者が洗礼の秘跡によって受けている権利と義務でもあります。

（『ローマ・ミサ典礼書の総則』16、18、97参照）

信者は祭儀において何か特別な役目を果たすように頼まれたとき、喜んで神の民に奉仕するようにしましょう。

開祭

入祭の歌と行列①

会衆が集まると、立って入祭の歌が歌われる。歌わない場合は入祭唱を唱える。

その間に、司祭は奉仕者とともに祭壇へ行く。祭壇への表敬の後、司祭は席に向かう。

入祭の歌が終わると、司祭は会衆に向かって次のことばを唱え、司祭と信者は立ったまま十字架のしるしをする。

司祭　父(ちち)と子(こ)と聖霊(せいれい)のみ名(な)によって。
会衆　アーメン。

①ミサの最初の行為は「会衆が集まる」ことです。これは、キリストによって教会が一つに集められた交わりの共同体であることを示す大切な行為です。
ことばの典礼に先立って行われる入堂、あいさつ、回心の祈り、いつくしみの賛歌（キリエ）、栄光の賛歌（グロリア）、そして集会祈願は、準備、導入、開始の性格をもっています。

これらの儀式の目的は、一つに集まった信者が一致

あいさつ②

司祭は手を広げて、会衆にあいさつする。

司祭　主イエス・キリストの恵み、神の愛、聖霊の交わりが皆さんとともに。

または　父である神と主イエス・キリストからの恵みと平和が皆さんとともに。

または　主は皆さんとともに。

会衆　またあなたとともに。

することであり、また、神のことばを正しく聞き、感謝の祭儀をふさわしく執行するために自らを整えることです。

会衆は、開祭の始めに行われる行列によって司祭を迎えます。これはキリストを頭としていただくわたしたちが、兄弟姉妹としての信仰と喜びを表現するものです。

司祭はキリストのシンボルである祭壇に向かって表敬をします。これは宗教的尊敬の行為であると同時に、キリストに対するわたしした

(8)

回心への招き③

司祭はたとえば次のようなことばで、一同を回心へと招く。

司祭

皆さん、聖なる祭儀を行う前に、わたしたちの罪を認め、ゆるしを願いましょう。

または　皆さん、わたしたちの罪を思い、感謝の祭儀を祝う前に心を改めましょう。

ちの心からの愛をも示しています。
　入祭の歌が終わると、司祭と会衆は十字架のしるしをします。

②それから、司祭は集まった共同体にあいさつをして、主の現存を示します。このあいさつと会衆の応答は、ともに集まった「教会」の神秘を表します。

③司祭はゆるしを求める祈りを勧めます。わたしたちは皆弱く、たびたび主に逆らったり、兄弟姉妹を差別

(9)

または　皆さん、救いの神秘をふさわしく祝うことができるよう、わたしたちの生活を振り返り、心を改めましょう。

または
皆さん、ふさわしい心で神に賛美と感謝をささげることができるよう、わたしたちの過ちを認め、ゆるしを願いましょう。

したりしてしまいます。だから、自分の罪を認めたことを示し、罪から清めていただくために、手を合わせて頭を下げ、回心の祈りをします。回心の祈りはいずれかを選んで唱えます。

（10）

回心の祈り（一）

短い沈黙の後、一同は手を合わせて頭を下げ、一般告白の式文を唱える。

一同

全能の神と、
兄弟姉妹の皆さんに告白します。わたしは、思い、ことば、行い、
怠りによってたびたび罪を犯しました。聖母マリア、すべての
天使と聖人、そして兄弟姉妹の皆さん、罪深いわたしのために
神に祈ってください。

続いて、司祭は罪のゆるしを祈る。

司祭　全能の神、いつくしみ深い父がわたしたちの罪をゆるし、
永遠のいのちに導いてくださいますように。

会衆　アーメン。

回心の祈り（二）

司祭　主よ、あわれみをわたしたちに。

会衆　わたしたちはあなたに罪を犯しました。

司祭　主よ、いつくしみを示し、

会衆　わたしたちに救いをお与えください。

司祭　全能の神、いつくしみ深い父がわたしたちの罪をゆるし、……

回心の祈り（二）

聖書の朗読や典礼暦に合わせて他の先唱のことばに代えることができる。

先唱　打ち砕かれた心をいやすために遣わされた主よ、いつくしみを。
会衆　主よ、いつくしみをわたしたちに。
先唱　罪びとを招くために来られたキリスト、いつくしみを。
会衆　キリスト、いつくしみをわたしたちに。
先唱　父の右の座にあって、わたしたちのためにとりなしてくださる主よ、いつくしみを。
会衆　主よ、いつくしみをわたしたちに。
司祭　全能の神、いつくしみ深い父がわたしたちの罪をゆるし、……

いつくしみの賛歌④（キリエ）

いつくしみの賛歌（キリエ）が続く。
「回心の祈り（三）」を用いた場合はこれを省く。

（一）

先唱　主よ、いつくしみを。
会衆　主よ、いつくしみをわたしたちに。
先唱　キリスト、いつくしみを。
会衆　キリスト、いつくしみをわたしたちに。
先唱　主よ、いつくしみを。
会衆　主よ、いつくしみをわたしたちに。

---

④ わたしたちは神のいつくしみとゆるしに信頼しています。その一方で、自分の心が十分には清くないことを認めています。それで、いつくしみの賛歌（キリエ）をもって、主に声をあげ、主のいつくしみを願い求めます。

（二）

先唱　キリエ、エレイソン。　会衆　キリエ、エレイソン。

先唱　クリステ、エレイソン。　会衆　クリステ、エレイソン。

先唱　キリエ、エレイソン。　会衆　キリエ、エレイソン。

栄光の賛歌⑤（グロリア）

規定に従って、一同は栄光の賛歌（グロリア）を歌うか、または唱える。

一同　天には神に栄光、
地にはみ心にかなう人に平和。
神なる主、天の王、全能の父なる神よ。

---

⑤ ミサの目的の一つは神に栄光を帰すことです。栄光の賛歌は、最も古い、とうとい賛歌です。聖霊のうちに集う教会は、この歌をもって、父なる神とイエス・キリストをたたえ、祈るのです。

　キリストのご降誕の夜、ベツレヘムで天使たちが告

わたしたちは主をほめ、主をたたえ、
主を拝み、主をあがめ、
主の大いなる栄光のゆえに感謝をささげます。
主なる御ひとり子イエス・キリストよ、
神なる主、神の小羊、父のみ子よ、
世の罪を取り除く主よ、
いつくしみをわたしたちに。
世の罪を取り除く主よ、わたしたちの願いを聞き入れてください。
父の右に座しておられる主よ、
いつくしみをわたしたちに。
ただひとり聖なるかた、

げた「大きな喜びの知らせ」によって始まるこの歌は、まさに喜びと栄光と感謝の歌です。栄光の賛歌を歌うか、または唱えるのは、待降節と四旬節以外の主日、および祭日と祝日、さらに、盛大に行われる特別な祭儀においてです。

すべてを超える唯一の主、
イエス・キリストよ、
聖霊とともに
父なる神の栄光のうちに。
アーメン。

集会祈願⑥

司祭は手を合わせたまま言う。

司祭　祈りましょう。

一同は司祭とともにしばらく沈黙のうちに祈る。

---

⑥ 次に司祭は、会衆を祈りへと招きます。そして一同は、司祭とともにしばらく沈黙のうちに祈ります。それは自分が神のみ前にいることを意識し、自分の願いを心に思い起こすためです。それから、司祭は集会祈願と呼ばれる祈りを唱えます。この祈願によって、その祭儀の性格が表現され、司祭のことばによって、聖霊において、キリストを通して、

続いて、司祭は手を広げて集会祈願を唱え、会衆は結びにはっきりと唱える。

会衆　アーメン。

ことばの典礼⑦（会衆は着席する）

第一朗読

朗読者は朗読台に行き、第一朗読を行う。朗読の終わりを示すため、朗読者は手を合わせてはっきりと唱える。

父なる神に祈りが向けられます。会衆は嘆願の祈りに心を合わせ、それに同意し、応唱「アーメン」によって、この祈願を自分のものとします。

⑦ 聖書が教会で朗読されるときには、神ご自身がその民に語られ、キリストはご自身のことばのうちに現存して、福音を告げられます。神は聖書朗読を通して、その民にあがないと救いの神秘を説き明かし、霊的な糧を与えるのです。
　したがって、神のことば

朗読者　神（かみ）のみことば。
一同　神（かみ）に感謝（かんしゃ）。

続いて朗読者は聖書に一礼して席に戻る。
一同は沈黙のうちに、神のことばを味わう。

答唱詩編

詩編唱者あるいは先唱者は詩編を歌うかまたは唱え、会衆は答唱する。

第二朗読

主日、祭日などに第二朗読が行われる場合、第一朗読と同じように行われる。

の朗読は典礼の最も大切な要素であり、一同は尊敬をもって、これを聞くとともに、答唱詩編、アレルヤ唱を通して、これに応えます。

アレルヤ唱（詠唱）

一同は起立し、アレルヤ唱（詠唱）を歌う。

福音朗読⑧

助祭（司祭）　主は皆さんとともに。

会衆　またあなたとともに。

助祭（司祭）　〇〇〇による福音。

会衆は助祭あるいは司祭とともに、額、口、胸に十字架のしるしをして、はっきりと唱える。

会衆　主に栄光。

---

⑧ 神のことばの朗読の中でも、福音の朗読は際立っています。福音のことばの中にキリストご自身が現存しておられるからです。

　それは、朗読する助祭あるいは司祭のさまざまな所作や唱えることばに表れています。会衆も立って、キリストをほめたたえながら、福音朗読を聞き、終わりに賛美の応唱を行います。

福音朗読が終わると、助祭あるいは司祭は朗読福音書を両手で掲げてはっきりと唱える。

助祭（司祭）　主のみことば。

会衆　キリストに賛美。

説　教（会衆は着席する）

すべての主日と守るべき祝日には説教が行われる。他の日にも勧められる。

信仰宣言⑨（会衆は起立する）

---

⑨ ニケア・コンスタンチノープル信条と使徒信条は、全教会に共通の信仰を簡潔に表すものとして、教会が大切に伝承し唱えてきたものです。一同は、全世界の

すべての主日と祭日、およびより盛大に行われる特別な祭儀に、一同は以下のいずれかの信条を歌うか、または唱えて信仰宣言を行う。

教会と一致して、この信条を唱え、信仰を宣言します。

ニケア・コンスタンチノープル信条

わたしは信じます。唯一の神、全能の父、
天と地、見えるもの、見えないもの、すべてのものの造り主を。
わたしは信じます。唯一の主イエス・キリストを。
主は神のひとり子、すべてに先立って父より生まれ、
神よりの神、光よりの光、まことの神よりのまことの神、
造られることなく生まれ、父と一体。すべては主によって造られました。
主は、わたしたち人類のため、わたしたちの救いのために天からくだり、

以下「人となられました」まで一同は礼をする。
聖霊によって、おとめマリアよりからだを受け、人となられました。
ポンティオ・ピラトのもとで、わたしたちのために十字架につけられ、
苦しみを受け、葬られ、聖書にあるとおり三日目に復活し、
天に昇り、父の右の座に着いておられます。
主は、生者と死者を裁くために栄光のうちに再び来られます。
その国は終わることがありません。
わたしは信じます。主であり、いのちの与え主である聖霊を。
聖霊は、父と子から出て、父と子とともに礼拝され、栄光を受け、
また預言者を通して語られました。
わたしは、聖なる、普遍の、使徒的、唯一の教会を信じます。
罪のゆるしをもたらす唯一の洗礼を認め、
死者の復活と、来世のいのちを待ち望みます。アーメン。

使徒信条

天地の創造主、全能の父である神を信じます。
父のひとり子、わたしたちの主イエス・キリストを信じます。
以下「おとめマリアから生まれ」まで一同は礼をする。
主は聖霊によってやどり、おとめマリアから生まれ、
ポンティオ・ピラトのもとで苦しみを受け、
十字架につけられて死に、葬られ、陰府に下り、
三日目に死者のうちから復活し、
天に昇って、全能の父である神の右の座に着き、
生者と死者を裁くために来られます。
聖霊を信じ、聖なる普遍の教会、聖徒の交わり、
罪のゆるし、からだの復活、永遠のいのちを信じます。アーメン。

共同祈願⑩（信者の祈り）

共同祈願、すなわち信者の祈りを行う。会衆は各意向の後に応唱もしくは沈黙の祈りをもって祈りを自分のものとする。司祭の結びの祈りの後に会衆ははっきりと唱える。

会衆　アーメン。

感謝の典礼⑪

供えものの準備（会衆は着席する）

---

⑩ 共同祈願において、会衆は共同祭司職の務めの一つを果たし、すべての人のために祈ります。聖なる教会のため、種々の困難に悩む人々のため、さらにすべての人と全世界の救いのために、一致して嘆願の祈りをするのです。

⑪ 共同祈願の後で、パンとぶどう酒が祭壇に運ばれます。主の晩さんの記念を準備するためです。イエスは、

ことばの典礼が終わると、奉納の歌が始まる。その間に、奉仕者が感謝の典礼に必要なものを祭壇に準備する。

信徒の代表はパンとぶどう酒、その他の供えものを運ぶ。

司祭は祭壇に行き、パンを載せたパテナを取り、両手で祭壇上に少し持ち上げ、次の祈りを小声で唱える。

神よ、あなたは万物の造り主。ここに供えるパンはあなたからいただいたもの、大地の恵み、労働の実り、わたしたちのいのちの糧となるものです。

パンとぶどう酒を通して、ご自分のすべてをいけにえとしてささげてくださいます。パンとぶどう酒は、神の恵みであると同時に、信者たち、いや全人類の「労働の実り」です。だから、パンとぶどう酒は、その他の供えものとともに、信徒の代表によって祭壇に運ばれます。パンとぶどう酒に合わせ、わたしたちの生活のすべてが供えられ、イエスはご自分自身という供えものにわたしたちを結びつけてくださるのです。

(26)

奉納の歌を歌わない場合、司祭はこの祈りをはっきりと唱え、その場合、結びに会衆ははっきりと唱えることができる。

会衆

神よ、あなたは万物の造り主。

助祭または司祭は、ぶどう酒と少量の水をカリスに注いで静かに唱える。

この水とぶどう酒の神秘によってわたしたちが、
人となられたかたの神性にあずかることができますように。

司祭はカリスを取り、両手で祭壇上に少し持ち上げ、次の祈りを小声で唱える。

神よ、あなたは万物の造り主。
ここに供えるぶどう酒はあなたからいただいたもの、
大地の恵み、労働の実り、わたしたちの救いの杯となるものです。

奉納の歌を歌わない場合、司祭はこの祈りをはっきりと唱え、その場合、結びに会衆ははっきりと唱えることができる。

会衆

神よ、あなたは万物の造り主。

その後、司祭は深く頭を下げ、静かに唱える。

神よ、心から悔い改めるわたしたちが受け入れられ、
きょう、み前に供えるいけにえも、み心にかなうものとなりますように。

続いて、司祭は祭壇の脇で手を洗い、静かに唱える。

神よ、わたしの汚れを洗い、罪から清めてください。

司祭は祭壇の中央に立ち、会衆に向かって手を広げ、次の招きのことばを述べてから手を合わせる。

司祭

皆さん、ともにささげるこのいけにえを、全能の父である神が受け入れてくださるよう祈りましょう。

会衆は立って答える。

会衆

⑫神の栄光と賛美のため、
またわたしたちと全教会のために、
あなたの手を通しておささげするいけにえを、

---

⑫ ミサの儀式において、信者は聖なる民、あがなわれた国民、王の祭司となって神に感謝をささげ、また司祭の手を通してばかりでなく、司祭とともに汚れないいけにえをささげ、そして自分自身をささげるよう努めます。それゆえ、信者は深い信仰によって、また、同じ祭儀に参加している兄弟姉妹たちに対する愛によって、それを表すように配慮しなければなりません。

神が受け入れてくださいますように。

一同はその後、しばらく沈黙のうちに祈る。

奉納祈願

司祭は手を広げて奉納祈願を唱え、
会衆は結びにはっきりと唱える。

会衆　アーメン。

奉献文⑬ **（エウカリスティアの祈り）**

司祭は奉献文を始める。
司祭は手を広げて唱える。

---

⑬ ここで祭儀全体の中心、頂点である、「奉献文（エウカリスティアの祈り）」、すなわち感謝と聖別の祈りが始まります。司祭は、まず会衆との応唱を通して、皆が祈りと感謝のうちに心を主に上げるように招き、共同体全体の名によって、イエス・キリストを通して父なる神に祈りをささげます。神がわたしたちのために偉大な救いのわざを行ってくださったからです。こうして、教会全体が天上の教会と心を合わせ、神をたたえて祈るのです。

司祭　主は皆さんとともに。
会衆　またあなたとともに。
司祭　心をこめて、
会衆　神を仰ぎ、
司祭　賛美と感謝をささげましょう
会衆　それはとうとい大切な務め（です）。

叙唱

司祭は叙唱を唱える。（他の叙唱は58頁以下を参照）

司祭　聖なる父よ、
最愛の子イエス・キリストを通して、
いつどこでもあなたに感謝をささげることは、

まことにとうとい大切な務め（です）。
あなたはみことばによってすべてをお造りになりました。

みことばである御子は、
救い主、あがない主としてわたしたちに遣わされ、
聖霊によって人となり、おとめマリアから生まれ、
み旨を果たして、人々をあなたの聖なる民とするために、
手を広げて苦難に身をゆだね、
死を滅ぼして復活の栄光を現してくださいました。

わたしたちは声を合わせて歌います、
天使とすべての聖人とともに、
あなたの栄光をたたえて。

感謝の賛歌⑭（サンクトゥス）

叙唱の終わりに、会衆は司祭とともに感謝の賛歌（サンクトゥス）を歌うか、はっきりと唱える。

一同

聖なる、聖なる、聖なる神、
すべてを治める神なる主。
主の栄光は天地に満つ。
天には神にホザンナ。
主の名によって来られるかたに賛美。
天には神にホザンナ。

---

⑭ 教会は天使たちが天で神に歌っている栄光と賛美の歌を、わたしたちに繰り返させます。この応唱は感謝の祈り（奉献文）そのものの一部をなしており、全会衆が司祭とともに歌います。

第二奉献文

司祭は手を広げて唱える。

司祭

⑮まことに聖なる神、
すべての聖性の源である父よ、
いま、聖霊を注ぎ、
この供えものを聖なるものとしてください。
わたしたちのために、
主イエス・キリストの御からだと
✝御血になりますように。

---

⑮「感謝の賛歌（サンクトゥス）」に続くこの部分は、「奉献文（エウカリスティアの祈り）」（第一・三・四奉献文は78頁以下を参照）の中でも最も重要な箇所です。供えられたパンとぶどう酒が、キリストの「御からだ」と「御血」になるからです。この神秘は、聖霊の恵みと、キリストのことばによって実現します。聖霊の恵みは不可欠です。だから、司祭はまず、パンとぶどう酒の上に聖霊が注がれるように祈ります。

(34)

次の式文中の主のことばは、その意味が伝わるように、とくにはっきりと唱える。歌う場合は、（である）を省く。

⑯主イエスはすすんで受難に向かう前に、
パンを取り、
感謝をささげ、裂いて、
弟子に与えて仰せになりました。
「皆、これを取って食べなさい。
これはあなたがたのために渡される
わたしのからだ（である）。」

聖別されたパンを会衆に示す。

---

⑯ 続けて、司祭は最後の晩さんのイエスの行いとことばを想起します。イエスはパンを「裂いて」、弟子たちに与えて仰せになりました。司祭は、イエスのことばを忠実に唱えます。こうして、パンはキリストの御からだになります。しかし、イエスはすでに「あなたがたのために渡される」と述べ、最後の晩さんの神秘が、主の死と復活の神秘に結ばれていることをお示しになります。

⑰ 続いて、司祭はイエスが

(35)

⑰食事の後に
同じように杯を取り、
感謝をささげ、
弟子に与えて仰せになりました。

「皆、これを受けて飲みなさい。
これはわたしの血の杯、
あなたがたと多くの人のために流されて
罪のゆるしとなる新しい永遠の契約の血
(である)。
これをわたしの記念として行いなさい。」

カリスを会衆に示す。

ぶどう酒の杯を取ってなさったことを想起し、イエスのことばを唱えます。こうして、ぶどう酒はキリストの御血になります。このことばがあまりに重要であるため、イエスがパンを裂いて仰せになったことばとともに、すべての奉献文で同じ文言が唱えられます。このキリストの御血は、わたしたちのために流されて、わたしたちにゆるしと和解をもたらす血です。だから、イエスはわたしたちがこのことを忘れることなく記念し続けるよう望み、そうお命じになります。

(36)

司祭　⑱信仰の神秘。

会衆　主よ、あなたの死を告げ知らせ、
復活をほめたたえます。
再び来られるときまで。

または

主よ、このパンを食べ、
この杯を飲むたびに、
あなたの死を告げ知らせます。
再び来られるときまで。

または

---

⑱ 会衆は、これほどまでに偉大な神秘が成しとげられたことを深く受け止め、司祭の招きに応えて自分たちの決意を表します。それは、主が再び来られる救いの完成の時まで、この神秘を記念し、主の死と復活をたたえ続けるのをやめないこと、そしてこの神秘を他の人々にも告げ知らせるという決意です。なお、「奉献文（エウカリスティアの祈り）」は御父に向けられた祈りですが、この部分だけはキリストを「あなた」と呼び、キリストに向けられています。

(37)

司祭

十字架と復活によってわたしたちを
解放された世の救い主、
わたしたちをお救いください。

聖なる父よ、
わたしたちはいま、主イエスの死と
復活の記念を行い、み前であなたに
奉仕できることを感謝し、いのちの
パンと救いの杯をささげます。

⑲キリストの御からだと御血にとも
にあずかるわたしたちが、聖霊によ
って一つに結ばれますように。

---

⑲ パンとぶどう酒がキリストの御からだと御血になるために、教会は聖霊を願い求めました（⑮の説明を参照）。教会は、再び同じ聖霊を願い求めます。ここでは、わたしたち自身の上に聖霊を願うのです。キリストの御からだと御血にあずかるわたしたちが、その実りである一致を実現するには、聖霊の恵みが必要だからです。

⑳世界に広がるあなたの教会を思い起こし、
教皇○○○、
わたしたちの司教○○○○、
(協働司教および補佐司教の名を加えることができる。)
すべての奉仕者とともに、
あなたの民をまことの愛で満たしてください。

(死者のためのミサの場合は、次の祈りを加えることができる。)

---

⑳愛における全教会の一致とは、地上の教会だけでなく、天上と地上の全教会の交わりのことです。このため、わたしたちはすでに亡くなったキリスト者である兄弟姉妹のために祈ります。また、洗礼を受けずとも神のいつくしみのうちに亡くなった人のためにも祈ります。

㉑続いて、わたしたち地上の教会のために、すでに天上の教会にいる聖人たちの取り次ぎを願い求めるのです。

† （きょう、）この世からあなたのもとに召された
〇〇〇〇（姓名）を心に留めてください。
洗礼によってキリストの死に結ばれた者が、
その復活にも結ばれますように。

㉑また、復活の希望をもって眠りについたわたしたちの兄弟姉妹
と、あなたのいつくしみのうちに亡くなったすべての人を心に
留め、あなたの光の中に受け入れてください。
いま、ここに集うわたしたちをあわれみ、
神の母おとめマリアと聖ヨセフ、
使徒とすべての時代の聖人とともに、
永遠のいのちにあずからせてください。

御子イエス・キリストを通して
あなたをほめたたえることができま
すように。

㉒キリストによって　キリストと
ともに　キリストのうちに、
聖霊の交わりの中で、
全能の神、父であるあなたに、
すべての誉れと栄光は、
世々に至るまで、

会衆　アーメン。

㉒「奉献文（エウカリスティアの祈り）」は、三位一体の神の栄光をたたえる荘厳な栄唱で結ばれます。これに「アーメン」と応唱します。会衆は、奉献文全体に同意を示し、神をたたえる「アーメン」ですから、とても重要な応唱です。

交わりの儀（コムニオ）

主の祈り㉓

司祭は、たとえば次のようなことばで会衆を主の祈りに招く。

司祭

主の教えを守り、みことばに従い、つつしんで主の祈りを唱えましょう。

または　わたしたちにいのちの糧を与えてくださる天の父をたたえて祈りましょう。

㉓キリストの死と復活を記念する奉献文の後、ミサは「交わりの儀（コムニオ）」へと進みます。「交わり」、すなわちキリストにおける神との和解と一致、そしてわたしたちキリスト者同士の互いの交わりは、唯一のパンであるキリストが裂かれ、一人ひとりがこれを拝領することによって実現します。教会は、ミサのたびに交わりと平和、一致の恵みに感謝するとともに、わたしたちの罪や弱さによって交わりが損なわれていることを認め、聖体の秘跡の

または　主イエスは、神を父と呼ぶよう教えてくださいました。信頼をもって主の祈りを唱えましょう。

または　キリストのいのちを受けて一つになることができるよう、主の祈りをささげましょう。

会衆は司祭とともに唱える。

恵みを通して交わりの神秘にさらに深く分け入ることができるように願います。

「交わりの儀（コムニオ）」の最初に、わたしたちは「主の祈り」を唱えます。「主の祈り」は、主イエス・キリストご自身が教えてくださった祈りであり、キリストの弟子としての祈りです。「主の祈り」を通して、わたしたちは「日ごとの糧」を願うとともに、神のみ心が天においてだけでなく、地においても行われ、神からのゆるしとわたしたち同士のゆるしが実現するように祈ります。

一同

天におられるわたしたちの父よ、
み名が聖とされますように。
み国が来ますように。
みこころが天に行われるとおり地にも行われますように。
わたしたちの日ごとの糧を今日もお与えください。
わたしたちの罪をおゆるしください。
　わたしたちも人をゆるします。
わたしたちを誘惑におちいらせず、
悪からお救いください。

司祭は手を広げたまま一人で続ける。

司祭

㉔いつくしみ深い父よ、
すべての悪からわたしたちを救い、
世界に平和をお与えください。
あなたのあわれみに支えられて、
罪から解放され、
すべての困難に打ち勝つことができますように。
わたしたちの希望、救い主イエス・キリストが来られるのを待ち望んでいます。

会衆ははっきりと唱える。

会衆

国と力と栄光は、永遠にあなたのもの。

㉔「主の祈り」の後に「副文」を唱えます。「主の祈り」の中で、わたしたちは罪のゆるし、誘惑や悪からの解放を願いました。「副文」でも、神のいつくしみに信頼し、キリストの再臨を待ち望みながら、悪からの救い、平和、罪からの解放、困難に打ち勝つ恵みを願い求めます。会衆は、すべてが永遠に神のものであるとの信仰を表明して応えます。

教会に平和を願う祈り㉕

司祭は手を広げてはっきりと唱える。

司祭

主イエス・キリスト、あなたは使徒に仰せになりました。

「わたしは平和を残し、わたしの平和をあなたがたに与える。」

主よ、わたしたちの罪ではなく、教会の信仰を顧み、
おことばのとおり教会に平和と一致をお与えください。

あなたはまことのいのち、すべてを導かれる神、世々とこしえに。

㉕ わたしたちの罪が、交わりと平和の恵みの実現を妨げてしまうことを、わたしたちは知っています。しかし、キリストは弟子たちにご自分の平和を与える、と約束してくださいました。わたしたちは、このキリストのことばに信頼しながら、教会に平和と一致を与えてくださるように祈り、互いに平和のあいさつを交わします。

会衆　アーメン。

平和のあいさつ

司祭は会衆に向かって手を広げ、次のことばを述べる。

司祭　主の平和がいつも皆さんとともに。

会衆　またあなたとともに。

状況に応じて、助祭または司祭は次のように続ける。

助祭（司祭）　互いに平和のあいさつを交わしましょう。

一同は平和と一致と愛を示すために、地域の慣習に従って、互いにあいさつを交わす。日本では手を合わせ、「主の平和」と言って互いに礼をすることができる。

パンの分割㉖

司祭はホスティアを取ってパテナの上で裂き、小片をカリスの中に入れて、静かに唱える。

いま、ここに一つとなる主イエス・キリストの御からだと御血によって、わたしたちが永遠のいのちに導かれますように。

㉖ 最後の晩さんにおいてキリストが行われた「パンを裂く」という行為は、初代教会で主の晩さんを記念するミサの名称として用いられるようになりました。キリストのからだである唯一のパンが裂かれ、一人ひとりがこれを拝領することによって、教会はキリストにおける一つのからだとなります。

平和の賛歌(27)（アニュス・デイ）

パンが裂かれている間に、平和の賛歌（アニュス・デイ）を歌うか、または唱える。

会衆

世の罪を取り除く神の小羊、
いつくしみをわたしたちに。
世の罪を取り除く神の小羊、
いつくしみをわたしたちに。
世の罪を取り除く神の小羊、
平和をわたしたちに。

パンを裂くのに時間がかかる場合、何度か繰り返すことができる。
最後に「平和をわたしたちに」で結ぶ。

---

(27) わたしたちが拝領する聖体は、いつくしみをもって世の罪を取り除く神の小羊であり、平和を実現してくださる方です。だから、罪のゆるしと平和を願い、互いに平和のあいさつを交わしたわたしたちは、聖体を拝領する前に、あらためていつくしみと平和を願って「平和の賛歌（アニュス・デイ）」を歌います。

拝領㉘

司祭は静かに唱える。

生ける神の子、主イエス・キリスト、あなたは父のみ心に従い、聖霊の力に支えられ、死を通して世にいのちをお与えになりました。
この聖なるからだと血によってすべての罪と悪からわたしたちを解放し、あなたのおきてをいつも守り、あなたから離れることのないようにしてください。

㉘「奉献文（エウカリスティアの祈り）」の中で、司祭は最後の晩さんにおけるキリストのことばを唱えました。「皆、これを取って食べなさい。これはあなたがたのために渡されるわたしのからだである」。一つのパンであるキリストのからだが裂かれ、信者はこれを拝領します。教会全体が、一つのからだとされ、キリストの死と復活の神秘にあずかるのです。
　会衆が御血の拝領をすることも認められています。その場合は、規定に従って

または

主イエス・キリスト、あなたの御からだと御血をいただくことによって、裁きを受けることなく、かえってあなたのいつくしみにより、心とからだが守られ、強められますように。

司祭は、手を合わせて深く礼をしてから、ホスティアを取り上げ、パテナあるいはカリスを添えて、会衆に向かってはっきりと唱える。

司祭

世の罪を取り除く神の小羊。
神の小羊の食卓に招かれた人は幸い。

行います。御血は、キリストの「血の杯、あなたがたと多くの人のために流されて罪のゆるしとなる新しい永遠の契約の血」(「奉献文(エウカリスティアの祈り)」)です。ただし、キリストのからだである聖体を拝領した人は、キリストの血にもあずかっていることを忘れてはなりません。

会衆は司祭とともに以下のいずれかを唱える。

一同

主よ、わたしはあなたをお迎えするにふさわしい者ではありません。
おことばをいただくだけで救われます。

または

主よ、あなたは神の子キリスト、永遠のいのちの糧、
あなたをおいてだれのところに行きましょう。

司祭は祭壇に向かい、静かに唱える。

キリストの御からだが、永遠のいのちの糧になりますように。

そして、キリストの御からだを拝領する。

司祭がキリストの御からだを拝領している間に、拝領の歌を始める。
続いて、司祭はカリスを手に取り、静かに唱える。

キリストの御血（おんち）が、永遠（えいえん）のいのちの糧（かて）になりますように。

そして、キリストの御血を拝領する。
その後、司祭は拝領者に近づき、ホスティアを取って拝領者一人ひとりに示して言う。

司祭　キリストの御（おん）からだ。
拝領者　アーメン。

拝領者はホスティアを受けると、すぐにすべてを拝領して席に戻って座る。

＊聖体を御血に浸して拝領する場合、司祭はホスティアを御血に浸し、拝領者に示して「キリストの御からだと御血」と言い、拝領者は「アーメン」と答えて口で拝領する。

聖体の授与が終わると、司祭はパテナをふき、カリスをすすぐ。その間に司祭は静かに唱える。
拝領後、一同はしばらく沈黙のうちに祈る。

主よ、口でいただいたものを清い心をもって
受け入れることができますように。
このたまものによって永遠のいのちに導かれますように。

㉙適当であれば、詩編か他の賛美の歌、もしくは賛歌を歌うことができる。

拝領祈願

司祭は祭壇または自分の席で会衆に向かって立ち、手を合わせて言う。

司祭　祈(いの)りましょう。

一同は起立し、司祭とともにしばらく沈黙のうちに祈る。

続いて、司祭は、手を広げて拝領祈願を唱え、会衆はその結びにはっきりと唱える。

会衆　アーメン。

㉙ 聖体拝領が終わってから、司祭と信者はしばらくの間、沈黙のうちに祈ります。賛歌や詩編、あるいは他の賛美の歌を全会衆で歌うこともできます。歌う場合は、聖体拝領の間に歌うこともできます。

㉚ ミサの結びには、派遣の祝福が行われます。キリストによって一つに集められた教会は、ミサの中でキリストの死と復活の神秘をともに記念し、キリストの御からだを拝領し、賛美と感謝、喜びと希望に満たされ

(55)

閉祭

必要があれば、会衆への短いお知らせが行われる。

㉚続いて派遣の祝福が行われる。

司祭は会衆に向かって手を広げて言う。

司祭 主は皆さんとともに。

会衆 またあなたとともに。

司祭は会衆を祝福して唱える。

司祭 全能の神、父と子と聖霊の祝福が
✝皆さんの上にありますように。

会衆 アーメン。

て、キリストとの一致のうちに、キリストの平和のうちに、それぞれの生活へと派遣されていきます。家庭、社会、学校、その他、キリストが招いてくださった場へと神の祝福のうちに派遣されていくのです。こうして、キリスト者は、それぞれが離れていても、キリストのからだに結ばれて、喜びの福音を伝える者、生活の中で主の栄光を現す者となります。ミサは、キリスト者の生活全体の源泉なのです。

一定の日や状況によっては、前述の祝福のことばの前に、典礼の注記に従って他のより荘厳な祝福、あるいは「会衆のための祈願」が行われる。

助祭または司祭は手を合わせて会衆に向かって言う。

助祭（司祭）

感謝の祭儀を終わります。
行きましょう、主の平和のうちに。

または

（感謝の祭儀を終わります。）
行きましょう、主の福音を告げ知らせるために。

または

（感謝の祭儀を終わります。）

平和のうちに行きましょう、
日々の生活の中で主の栄光を現すために。

会衆　神に感謝。

退　堂

開祭と同じように、司祭は奉仕者とともに、祭壇に表敬してから退堂する。
他の祭儀が続く場合、派遣の式は省かれる。

待降節 一（再臨の待望）

聖なる父、全能永遠の神、いつどこでも主・キリストによって賛美と感謝をささげることは、まことにとうといたいせつな務め（です）。

キリストは人間のみじめさを帯びてこの世に来られたとき、父の定められた愛の計画を実現し、わたしたちに永遠の救いの道をお開きになりました。

栄光を帯びてふたたび来られるとき、いまわたしたちが信頼してひたすら待ち望んでいることは、すべてかなえられます。

神の威光をあがめ、権能を敬うすべての天使とともに、わたしたちもあなたの栄光を終わりなくほめ歌います。

待降節 二（降誕の期待）

聖なる父、全能永遠の神、いつどこでも主・キリストによって賛美と感謝をささげることは、まことにとうといたいせつな務め（です）。主・キリストをすべての預言者は前もって語り、おとめマリアはいつくしみをこめて養い育て、洗礼者ヨハネはその到来を告げ知らせました。

キリストはいま、その誕生の神秘を祝う喜びをお与えになり、わたしたちはたえず目覚めて祈り、賛美しながら主を喜び迎えます。

神の威光をあがめ、権能を敬うすべての天使とともに、わたしたちもあなたの栄光を終わりなくほめ歌います。

（60）

主の降誕（神の栄光の輝きキリスト）

聖なる父、全能永遠の神、いつどこでも主・キリストによって賛美と感謝をささげることは、まことにとうといたいせつな務め（です）。

人となられたみことばの神秘によって、わたしたちの心の目にあなたの栄光の光が注がれ、見えるものとなられた神を認めることによって、見えないものへの愛に強く引かれます。

神の威光をあがめ、権能を敬うすべての天使とともに、わたしたちもあなたの栄光を終わりなくほめ歌います。

主の公現（諸国民の光キリスト）

聖なる父よ、あなたの栄光をたたえ、感謝をささげることは、まことにとうとい、たいせつな務め（です）。

あなたは御子キリストを遣わし、諸国の民に救いの神秘を示してくださいました。

キリストは死に定められた人間の姿をもって現れ、わたしたちを不死のいのちに呼びもどされます。

神の威光をあがめ、権能を敬うすべての天使とともに、わたしたちもあなたの栄光を終わりなくほめ歌います。

主の洗礼

(この叙唱は、主の洗礼の祝日、洗礼の行われるミサに用いることもできる。)

聖なる父、全能永遠の神、いつもあなたをたたえ、感謝の祈りをささげます。

イエスがヨルダン川で洗礼を受けられたとき、あなたは御ひとり子が人となって世に来られたことを天からの声によって示されました。

また聖霊は鳩の姿をして降り、イエスが油を注がれた神のしもべ、貧しい人に福音を告げるかたであることを知らせてくださいました。

あなたの栄光をたたえる天使とともに、救いの神秘を祝い、わたしたちも感謝の賛歌をささげます。

四旬節 一（四旬節の精神）

聖なる父、全能永遠の神、いつどこでも主・キリストによって賛美と感謝をささげることは、まことにとうといたいせつな務め（です）。

あなたは、信じる人々が復活の神秘を喜びのうちに待ち望み、年ごとに心を清めて迎えるよう導かれます。

こうしてわたしたちは祈りと愛のわざに励み、新しいいのちの秘跡にともにあずかり、神の子の豊かな恵みに満たされるよう努めます。

神の威光をあがめ、権能を敬うすべての天使とともに、わたしたちもあなたの栄光を終わりなくほめ歌います。

(64)

主の受難 一（十字架の力）

聖なる父、全能永遠の神、主・キリストによっていつもあなたをたたえ、感謝の祈りをささげます。

御子キリストの受難によって救われた全世界は、あなたの救いのわざをほめたたえます。

十字架の力によってキリストは世に打ち勝ち、栄光の輝きに入られました。

神の威光をあがめるすべての天使、聖人とともに、わたしたちも賛美の歌を歌います。

（65）

主の受難　二（受難の主日――枝の主日――）

聖なる父、全能永遠の神、主・キリストによっていつもあなたをたたえ、感謝の祈りをささげます。

罪のないキリストは苦しみをにない、罪びとに代わって裁きを受けてくださいました。

キリストの死は罪を清め、その復活はわたしたちに救いをもたらしました。

天も地もすべての天使とともに、キリストをたたえて絶え間なく歌います。

復活 一（過越の神秘）

聖なる父よ、いつでも、また特にこの夜（この日に、この時）、あなたをたたえ祝うことは、まことにとうといたいせつな務め（です）。わたしたちの過越キリストは、世の罪を取り除かれた、まことのいけにえの小羊、ご自分の死をもってわたしたちの死を打ち砕き、復活をもってわたしたちにいのちをお与えになりました。

神の威光をあがめ、権能を敬うすべての天使とともに、わたしたちもあなたの栄光を終わりなくほめ歌います。

主の昇天

聖なる父、全能永遠の神、罪と死に打ち勝ったキリストの勝利を祝い、賛美と感謝をささげます。

キリストは復活の後すべての弟子に現れ、かれらの目の前で天に上げられて、わたしたちを神のいのちにあずからせてくださいました。

天と地は主の復活の喜びに満たされ、あなたをたたえるすべての天使、聖人とともに、わたしたちも賛美の歌を歌います。

(68)

聖霊降臨

聖なる父、全能永遠の神、偉大な救いのわざをたたえ、感謝をささげます。御ひとり子とともに神の国を継ぐ人々の上に、あなたはきょう聖霊を注ぎ、過越の神秘を完成してくださいました。

聖霊は教会の誕生の時に、ことばの違いを越えて諸国の民にまことの神を知らせ、人々を一つの信仰のうちにお集めになりました。

全世界は復活の喜びに満ち、すべての天使はあなたの栄光をたたえ、終わりなく歌います。

(69)

三位一体

聖なる父、全能永遠の神、いつどこでも主・キリストによって賛美と感謝をささげることは、まことにとうといたいせつな務め（です）。

あなたは御ひとり子と聖霊とともに唯一の神、唯一の主。

わたしたちは父と子と聖霊の栄光を等しくたたえ、三位一体の神を信じ、礼拝します。

天使と大天使は神の威光をたたえ、わたしたちも声を合わせて賛美の歌をささげます。

(70)

キリストの聖体

聖なる父よ、主の晩さんを祝うわたしたちは、あなたの限りないいつくしみをたたえ、感謝の祈りをささげます。

永遠の祭司キリストは、ご自分を救いのいけにえとしてあなたにささげ、唯一永遠の奉献を全うされました。

キリストのことばにしたがってわたしたちはその記念を行い、いのちのパンと救いの杯を受けて、主が来られるまでその死を告げ知らせます。

神の威光をあがめ、権能を敬うすべての天使とともに、わたしたちもあなたの栄光を終わりなくほめ歌います。

王であるキリスト

聖なる父、全能永遠の神、いつどこでも主・キリストによって賛美と感謝をささげることは、まことにとうといたいせつな務め（です）。

あなたはひとり子である主イエス・キリストに喜びの油を注ぎ、永遠の祭司、宇宙の王となさいました。

キリストは十字架の祭壇でご自分を汚れのない和解のいけにえとしてささげ、人類あがないの神秘を成しとげられ、宇宙万物を支配し、その王国を限りない栄光に輝くあなたにおささげになりました。

真理と生命の国、聖性と恩恵の国、正義と愛と平和の国。

神の威光をあがめ、権能を敬うすべての天使とともに、わたしたちもあなたの栄光を終わりなくほめ歌います。

年間主日 一（神の民）

聖なる父、全能永遠の神、いつどこでも主・キリストによって賛美と感謝をささげることは、まことにとうといたいせつな務め（です）。

主・キリストは過越の神秘によって偉大なわざを成しとげられ、わたしたちを罪と死のくびきから栄光にお召しになりました。

わたしたちはいま、選ばれた種族、神に仕える祭司、神聖な民族、あがなわれた国民と呼ばれ、やみから光へ移してくださったあなたの力を世界に告げ知らせます。

神の威光をあがめ、権能を敬うすべての天使とともに、わたしたちもあなたの栄光を終わりなくほめ歌います。

年間週日　一（神の計画）

聖なる父、全能永遠の神、いつどこでも主・キリストによって賛美と感謝をささげることは、まことにとうといたいせつな務め（です）。

あなたはキリストのうちにすべてを一つに集めることをお望みになり、その満ちあふれるいのちに、わたしたちをあずからせてくださいました。

キリストは神の子でありながら自分をむなしくし、十字架の血によってすべてに平和をもたらして、あらゆるものの上にあげられ、従うすべての者に永遠の救いをお与えになります。

神の威光をあがめ、権能を敬うすべての天使とともに、わたしたちもあなたの栄光を終わりなくほめ歌います。

聖母マリア　一（神の母マリア）

聖なる父、全能永遠の神、いつどこでも主・キリストによって賛美と感謝をささげることは、まことにとうといたいせつな務め（です）。おとめマリアの祝日にあたり（または……の祝日にあたり）、あなたを賛美し、ほめたたえます。

あなたは御ひとり子を聖霊によってマリアに宿らせ、おとめのほまれを保たせながら、永遠の光イエス・キリストをこの世にお遣わしになりました。

神の栄光をたたえ、権能を敬うすべての天使はともに喜び祝い、わたしたちもこれに合わせてつつしんでたたえます。

使徒 二（教会の礎）

聖なる父、全能永遠の神、主・キリストによっていつもあなたをたたえ、心から感謝をささげます。

あなたは使徒たちを礎として教会をたて、教会はすべての民に福音を告げ、救いの恵みをあらわす使命を受けています。

あなたの偉大なわざをたたえ、すべての天使とともに声を合わせ、感謝の賛歌を歌います。

(76)

聖人

聖なる父、全能永遠の神、聖人を通して示されたあなたの栄光をたたえ、感謝の祈りをささげます。

あなたは聖人たちの信仰のあかしによって、いつも教会に新しい力を注ぎ、限りない愛を示してくださいます。

わたしたちもその模範に励まされ、取り次ぎの祈りに支えられ、信仰の歩みを続けます。

あなたをたたえるすべての天使、聖人とともに、喜びのうちに賛美の歌を歌います。

死者一（復活の希望）

聖なる父、全能永遠の神、いつどこでも主・キリストによって賛美と感謝をささげることは、まことにとうといたいせつな務め（です）。

キリストのうちにわたしたちの復活の希望は輝き、死を悲しむ者も、とこしえのいのちの約束によって慰められます。

信じる者にとって、死は滅びではなく、新たないのちへの門であり、地上の生活を終わった後も、天に永遠の住みかが備えられています。

神の威光をあがめ、権能を敬うすべての天使とともに、わたしたちもあなたの栄光を終わりなくほめ歌います。

第一奉献文（ローマ典文）

いつくしみ深い父よ、
御子わたしたちの主イエス・キリストによって、
いまつつしんでお願いいたします。

この汚れのない聖なるささげものを受け入れ、✝祝福してください。

わたしたちは、まず聖なる普遍の教会のために、
これをあなたにささげます。
全世界に広がる教会に平和を与え、これを守り、
一つに集め、治めてください。

(79)

教皇○○○○、
わたしたちの司教○○○○、
(協働司教および補佐司教の名を加えることができる。)
また、使徒からの普遍の信仰を正しく伝える
すべての人のためにこの供えものをささげます。

聖なる父よ、あなたに信頼する人々(○○○○)を心に留めてください。

また、ここに集うすべての人を心に留めてください。
その信仰と敬虔な心をあなたはご存じです。
わたしたちとすべての親しい人々のためにこの賛美のいけにえをささげ、

（80）

あがないと救いと平穏を願って、
永遠のまことの神、あなたに祈ります。

全教会の交わりの中で、
わたしたちはまず、神である主イエス・キリストの母、
栄光に満ちた終生おとめマリアを思い起こし、
聖ヨセフ、
使徒と殉教者、
ペトロとパウロ、アンデレ、
（ヤコブ、ヨハネ、トマス、ヤコブ、フィリポ、
バルトロマイ、マタイ、シモンとタダイ、
リノ、クレト、クレメンス、シスト、

コルネリオ、チプリアノ、ラウレンチオ、クリソゴノ、
ヨハネとパウロ、コスマとダミアノ）
そして、すべての聖人を思い起こします。
彼らのいさおしと取り次ぎによって、
わたしたちをいつも守り強めてください。
（わたしたちの主イエス・キリストによって。アーメン。）

聖なる父よ、
わたしたち奉仕者とあなたの家族のこの奉献を受け入れてください。
あなたの平和を日々わたしたちに与え、
永遠の滅びから救い、選ばれた者の集いに加えてください。

(82)

（わたしたちの主イエス・キリストによって。アーメン。）

神よ、この供えものを祝福し、受け入れ、
み心にかなうまことのいけにえとしてください。
わたしたちのために、最愛のひとり子、
主イエス・キリストの御からだと御血になりますように。

主イエスは受難の前夜、
聖なる手にパンを取り、
全能の父、神であるあなたを仰ぎ、
賛美と感謝をささげ、裂いて、
弟子に与えて仰せになりました。

(83)

「皆、これを取って食べなさい。
これはあなたがたのために渡される
わたしのからだ（である）。」

食事の後に同じように、
聖なる手に、このとうとい杯を取り、
賛美と感謝をささげ、
弟子に与えて仰せになりました。

「皆、これを受けて飲みなさい。
これはわたしの血の杯、

あなたがたと多くの人のために流されて
罪のゆるしとなる新しい永遠の契約の血（である）。
これをわたしの記念として行いなさい。」

司祭　信仰の神秘。

会衆　主よ、あなたの死を告げ知らせ、復活をほめたたえます。
再び来られるときまで。

または

主よ、このパンを食べ、この杯を飲むたびに、
あなたの死を告げ知らせます。再び来られるときまで。

または
十字架と復活によってわたしたちを解放された世の救い主、
　わたしたちをお救いください。

聖なる父よ、
わたしたち奉仕者と聖なる民も、
いま、御子わたしたちの主キリストのとうとい受難、
死者のうちからの復活、
栄光に満ちた昇天を記念し、
あなたが与えてくださったたまものの中から、
清く、聖なる、汚れのないいけにえ、

永遠のいのちのパンと救いの杯を、
栄光の神、あなたにささげます。

このささげものをいつくしみ深く顧み、快く受け入れてください。
義人アベルの供えもの、
太祖アブラハムのいけにえ、
また、大祭司メルキセデクが供えた聖なるささげもの、
汚れのないいけにえを受け入れてくださったように。

全能の神よ、つつしんでお願いいたします。
このささげものをみ使いによって、
あなたの栄光に輝く祭壇に運ばせてください。

いま、この祭壇で、
御子の聖なるからだと血にあずかるわたしたちが、
天の祝福と恵みで満たされますように。
（わたしたちの主イエス・キリストによって。アーメン。）

聖なる父よ、
信仰をもってわたしたちに先だち、
安らかに眠る人々（〇〇〇〇）を心に留めてください。

神よ、この人々とキリストのうちに眠りについたすべての人に、
慰めと光と安らぎをお与えください。

（わたしたちの主(しゅ)イエス・キリストによって。アーメン。）

あなたの豊(ゆた)かなあわれみに信頼(しんらい)する罪深(つみふか)いわたしたちを、
使徒(しと)と殉教者(じゅんきょうしゃ)の集(つど)いに受(う)け入(い)れてください。
洗礼者(せんれいしゃ)ヨハネ、ステファノ、マチア、バルナバ、
（イグナチオ、アレキサンドロ、マルチェリノとペトロ、
フェリチタス、ペルペトゥア、アガタ、ルチア、
アグネス、セシリア、アナスタシア）
そして、すべての聖人(せいじん)にならう恵(めぐ)みを、
わたしたちの行(おこな)いによるのではなく、
あなたのあわれみによってお与(あた)えください。

(89)

聖なる父よ、
キリストによって、あなたはつねにこのよいものを造り、
聖なるものとし、これにいのちを与え、祝福し、
わたしたちに与えてくださいます。

キリストによって　キリストとともに　キリストのうちに、
聖霊の交わりの中で、
全能の神、父であるあなたに、
すべての誉れと栄光は、世々に至るまで、

会衆　アーメン。

第三奉献文

まことに聖なる父よ、
造られたものはすべて、あなたをほめたたえています。
御子わたしたちの主イエス・キリストを通して、
聖霊の力強い働きにより、
すべてにいのちを与え、聖なるものとし、
たえず人々をあなたの民としてお集めになるからです。
日の昇る所から日の沈む所まで、
あなたに清いささげものが供えられるために。

聖なる父よ、

あなたにささげるこの供えものを、
いま、聖霊によって聖なるものとしてください。

御子わたしたちの主イエス・キリストの
御からだと ✝御血になりますように。

キリストのことばに従って、いま、わたしたちはこの神秘を祝います。
主イエスは渡される夜、
パンを取り、
あなたに賛美と感謝をささげ、裂いて、
弟子に与えて仰せになりました。

「皆、これを取って食べなさい。
これはあなたがたのために渡される
わたしのからだ（である）。」

食事の後に
同じように杯を取り、
あなたに賛美と感謝をささげ、
弟子に与えて仰せになりました。

「皆、これを受けて飲みなさい。
これはわたしの血の杯、
あなたがたと多くの人のために流されて

罪のゆるしとなる新しい永遠の契約の血（である）。
これをわたしの記念として行いなさい。」

司祭　信仰の神秘。

会衆　主よ、あなたの死を告げ知らせ、復活をほめたたえます。
再び来られるときまで。

または
主よ、このパンを食べ、この杯を飲むたびに、
あなたの死を告げ知らせます。再び来られるときまで。

または
十字架と復活によってわたしたちを解放された世の救い主、
わたしたちをお救いください。

聖なる父よ、
わたしたちはいま、
御子キリストの救いをもたらす受難、復活、昇天を記念し、
その再臨を待ち望み、
いのちに満ちたこの聖なるいけにえを
感謝してささげます。
あなたの教会のささげものを顧み、

まことの和解のいけにえとして認め、受け入れてください。
御子キリストの御からだと御血によってわたしたちが養われ、
聖霊に満たされて、
キリストのうちに、一つのからだ、一つの心となりますように。

聖霊によってわたしたちを、
あなたにささげられた永遠の供えものとしてください。
選ばれた人々、神の母おとめマリアと聖ヨセフ、
使徒と殉教者、(聖〇〇〇〇、(その日の聖人、または保護の聖人名))
すべての聖人とともに神の国を継ぎ、
その取り次ぎによってたえず助けられますように。

わたしたちの罪のゆるしとなるこのいけにえが、
全世界の平和と救いのためになりますように。
地上を旅するあなたの教会、
教皇〇〇〇、わたしたちの司教〇〇〇、
(協働司教および補佐司教の名を加えることができる。)
司教団とすべての奉仕者を導き、
あなたの民となったすべての人の信仰と愛を強めてください。
あなたがここにお集めになったこの家族の願いを聞き入れてください。
いつくしみ深い父よ、
あなたの子がどこにいても、すべてあなたのもとに呼び寄せてください。
✝亡くなったわたしたちの兄弟姉妹、

また、み旨に従って生活し、いまはこの世を去ったすべての人を、
あなたの国に受け入れてください。
わたしたちもいつかその国で、いつまでもともにあなたの栄光にあずかり、
喜びに満たされますように。

わたしたちの主イエス・キリストを通して、
あなたはすべてのよいものを世にお与えになります。✝

キリストによって　キリストとともに　キリストのうちに、
聖霊の交わりの中で、
全能の神、父であるあなたに、

すべての誉れと栄光は、世々に至るまで、

会衆　アーメン。

---

*死者のためのミサがささげられる場合は、次の祈りを唱えることができる。

†（きょう、）この世からあなたのもとに召された
〇〇〇（姓名）を心に留めてください。
洗礼によってキリストの死にあずかった者が、
その復活にもあずかることができますように。

(99)

キリストは死者を復活させるとき、
滅びゆくわたしたちのからだを、
ご自分の栄光のからだに変えてくださいます。

また、亡くなったわたしたちの兄弟姉妹、
み旨に従って生活し、いまはこの世を去ったすべての人を、
あなたの国に受け入れてください。

わたしたちもいつかその国で、
いつまでもともにあなたの栄光にあずかり、
喜びに満たされますように。

（100）

そのときあなたは、わたしたちの目から涙をすべてぬぐい去り、
わたしたちは神であるあなたをありのままに見て、
永遠にあなたに似るものとなり、
終わりなくあなたをたたえることができるのです。

わたしたちの主イエス・キリストを通して、
あなたはすべてのよいものを世にお与えになります。†

(101)

第四奉献文

聖なる父よ、
あなたの偉大なわざをたたえ、感謝をささげることは、
まことにとうとい大切な務め（です。）

あなたは唯一のまことの神、
初めもなく終わりもなく、すべてを超えて光り輝くかた。
あふれる愛、いのちの泉、万物の造り主。
造られたものは祝福され、光を受けて喜びに満たされます。
数知れない天使は昼も夜もあなたに仕え、

栄光を仰ぎ見て絶え間なくほめたたえます。
わたしたちはこれに声を合わせ、
造られたすべてのものとともに、あなたをたたえて歌います。

聖なる、聖なる、聖なる神、すべてを治める神なる主。
主の栄光は天地に満つ。
天には神にホザンナ。
主の名によって来られるかたに賛美。
天には神にホザンナ。

聖なる父、偉大な神よ、あなたをたたえます。
あなたは、英知と愛によってすべてのわざを行われました。

ご自分にかたどって人を造り、
造り主であるあなたに仕え、造られたものをすべて治めるよう、
全世界を人の手におゆだねになりました。
人があなたにそむいて親しい交わりを失ってからも、
死の支配のもとにおくことなく、
すべての人があなたを求めて見いだすことができるよう、
いつくしみの手を差し伸べられました。
また、たびたび人と契約を結び、
預言者を通して、救いを待ち望むよう励ましてくださいました。

時が満ちると、あなたはひとり子を救い主としてお遣わしになりました。

聖なる父よ、あなたはこれほど世を愛してくださったのです。
御ひとり子は聖霊によって人となり、
おとめマリアから生まれ、
罪のほかは、
すべてにおいてわたしたちと同じものとなられました。
貧しい人には救いの福音を告げ、
とらわれ人には自由を、
悲しむ人には喜びをもたらし、
あなたの計画を実現するため、
死に身をゆだね、
死者のうちから復活して死を滅ぼし、
いのちを新しくしてくださいました。

わたしたちが自分に生きるのではなく、
わたしたちのために死んで復活されたキリストに生きるために、
父よ、御子は信じる者に最初のたまものとして
あなたのもとから聖霊を遣わしてくださいました。
聖霊は、世にあってキリストの救いを全うし、
聖なるものとするわざをすべて完成してくださいます。

いつくしみ深い父よ、
聖霊によってこの供えものを聖なるものとしてください。

キリストが永遠の契約としてわたしたちに残された

この偉大な神秘を祝うために、
主イエス・キリストの
御からだと ✝ 御血になりますように。

聖なる父よ、
世にいる弟子を愛しておられたイエスは
あなたから栄光を受ける時が来たことを知り、
彼らを限りなく愛されました。

主イエスは、
食事をともにする間にパンを取り、

賛美をささげ、
裂いて、弟子に与えて仰せになりました。
「皆、これを取って食べなさい。
これはあなたがたのために渡される
わたしのからだ（である）。」

同じように
ぶどう酒の満ちた杯を取り、感謝をささげ、
弟子に与えて仰せになりました。

「皆、これを受けて飲みなさい。
これはわたしの血の杯、
あなたがたと多くの人のために流されて
罪のゆるしとなる新しい永遠の契約の血(である)。
これをわたしの記念として行いなさい。」

司祭　信仰の神秘。

会衆　主よ、あなたの死を告げ知らせ、復活をほめたたえます。
再び来られるときまで。

(109)

または

主よ、このパンを食べ、この杯を飲むたびに、
あなたの死を告げ知らせます。再び来られるときまで。

または

十字架と復活によってわたしたちを解放された世の救い主、
わたしたちをお救いください。

聖なる父よ、
わたしたちはいま、あがないの記念をともに行い、
キリストの死と、陰府に下られたことを思い起こし、

その復活と、あなたの右に上げられたことを宣言します。
主が栄光のうちに来られる日を待ち望み、
あなたに受け入れられ、全世界の救いとなるこのいけにえ、
キリストの御からだと御血をささげます。

父よ、
あなたが教会にお与えになったこのいけにえを顧み、
この一つのパンと杯を分かち合うすべての人を、
聖霊によって一つのからだに集めてください。
キリストのうちにあって、
あなたの栄光をたたえる生きたささげものとなりますように。

(111)

父よ、
すべての人を心に留めてください。
その人々のために、この供えものをささげます。
教皇〇〇〇をはじめ、
わたしたちの司教〇〇〇、
（協働司教および補佐司教の名を加えることができる。）
司教団とすべての奉仕者、
ここに集う人々、
あなたの民と、神を求めるすべての人、
また、キリストを信じて亡くなった人、
あなただけがその信仰を知っておられる

すべての死者を心に留めてください。

いつくしみ深い父よ、
あなたの子であるわたしたちすべてを顧み、
神の母おとめマリアと聖ヨセフ、
使徒と聖人とともに、
あなたの国で、約束されたいのちにあずからせてください。
その国で、罪と死の腐敗から解放された宇宙万物とともに、
主キリストによって、あなたの栄光をたたえることができますように。

わたしたちの主イエス・キリストを通して、
あなたはすべてのよいものを世にお与えになります。

キリストによって　キリストとともに　キリストのうちに、
聖霊(せいれい)の交(まじ)わりの中(なか)で、
全能(ぜんのう)の神(かみ)、父(ちち)であるあなたに、
すべての誉(ほま)れと栄光(えいこう)は、世々(よよ)に至(いた)るまで、

会衆　アーメン。

キリストとわたしたちのミサ（新式次第版）

解　説 —— 澤田　豊成（聖パウロ修道会司祭）

発行所 —— サン パウロ

〒160-0011　東京都新宿区若葉 1-16-12
宣教推進部（版元）　(03) 3359-0451
宣教企画編集部　　(03) 3357-6498

印刷所 —— 日本ハイコム㈱

2022 年 10 月 3 日　初版　第 1 刷発行

ISBN978-4-8056-2104-2 C3116（日キ販）